mama

мама

papa

папа

jongen

мальчик

meisje

девочка

1

een

2

twee

3

drie

4

vier

5 vijf

пять

6 zes

шесть

7 zeven

семь

8 acht

восемь

9

negen

девять

10

tien

десять

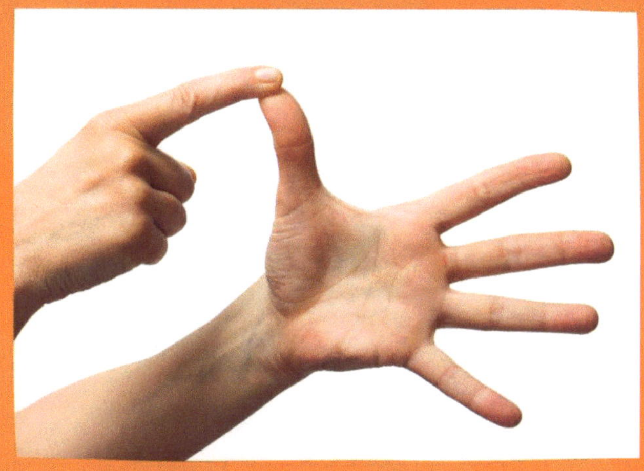

tellen

считать

schrijven

писать

tekenen

рисовать

schilderen

раскрашивать

cirkel

круг

vierkant

квадрат

rechthoek

прямоугольник

driehoek

треугольник

ster

звезда

zwart

черный

wit

белый

bruin

коричневый

rood

красный

blauw

синий

geel

желтый

groen

зеленый

paars

фиолетовый

grijs

серый

oranje

оранжевый

roze

розовый

appel

яблоко

banaan

банан

ananas

ананас

watermeloen

арбуз

peer

груша

druiven

виноград

mango

манго

perzik

персик

aardbei

клубника

kers

вишня

sinaasappel

апельсин

kokosnoot

кокос

citroen

лимон

paddenstoel

гриб

maïs

кукуруза

tomaat

помидор

pompoen

тыква

komkommer

огурец

wortel

морковь

aardappel

картофель

courgette

цуккини

spinazie

шпинат

bloemkool

цветная капуста

ei

яйцо

bord

тарелка

lepel

ложка

mes

нож

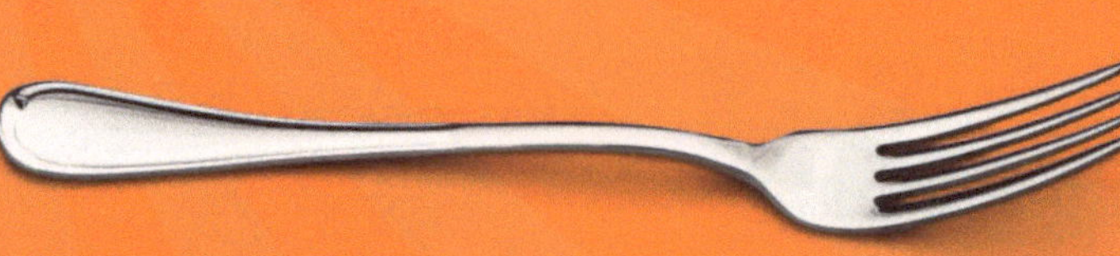

vork

вилка

taart

торт

babyflesje

детская бутылочка

snoepjes

конфеты

kaas

сыр

drinken

пить

eten

есть

heet

горячий

koud

холодный

klein

маленький

groot

большой

 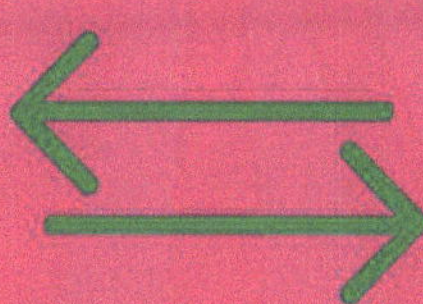

kort

короткий

lang

длинный

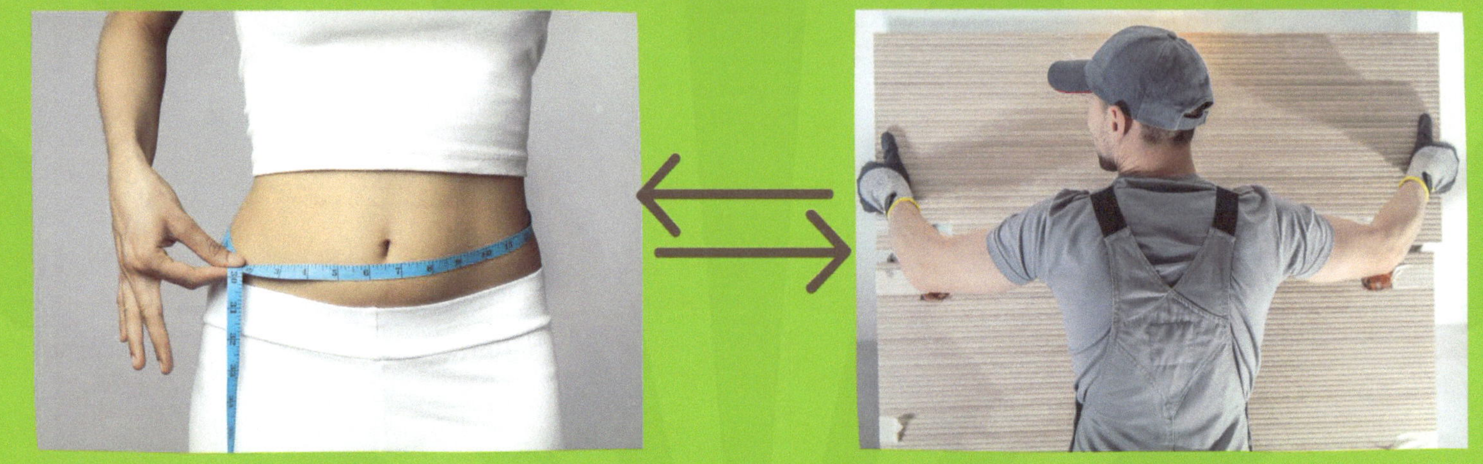

dun

тонкий

groot

большой

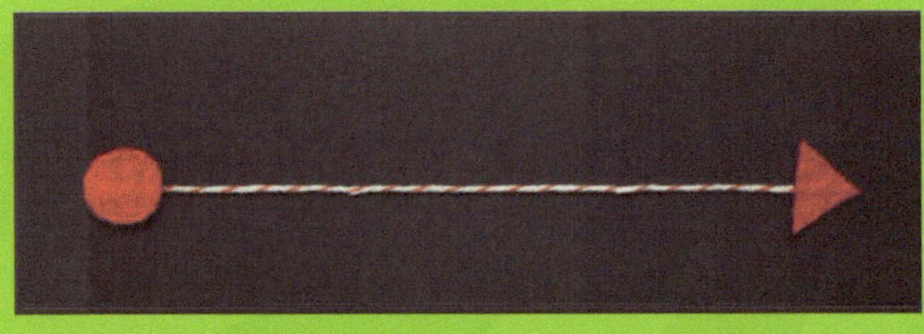

makkelijk

лёгкий

moeilijk

сложный

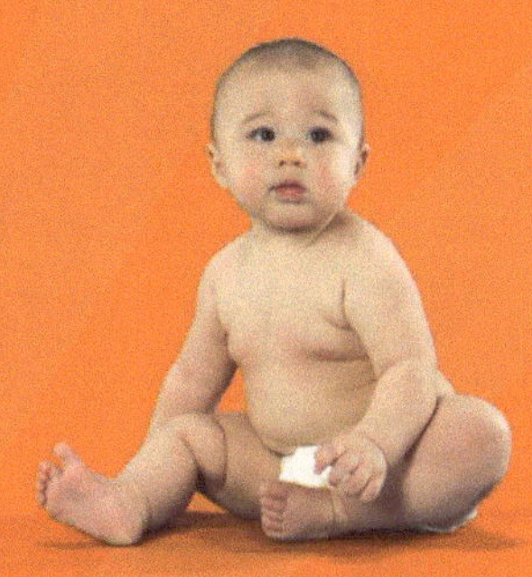

opstaan

стоять

zitten

сидеть

zoet

сладкий

zout

соленый

zwaar

тяжелый

licht

легкий

erin

в

eruit

вне

vies

грязный

schoon

чистый

dicht

закрытый

open

открытый

potloden

карандаши

klok

часы

sleutel

ключ

boek

книга

bed

кровать

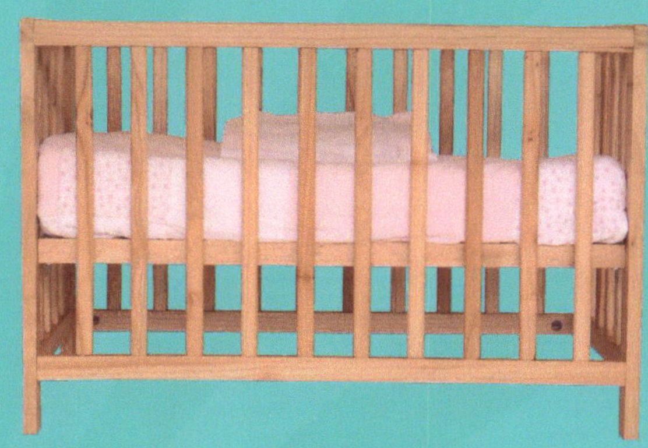

wieg

детская кроватка

tafel

стол

stoel

стул

auto

автомобиль

fiets

велосипед

vliegtuig

самолёт

boot

лодка

trein

поезд

helikopter

вертолёт

brandweerwagen

пожарная машина

brandweerman

пожарный

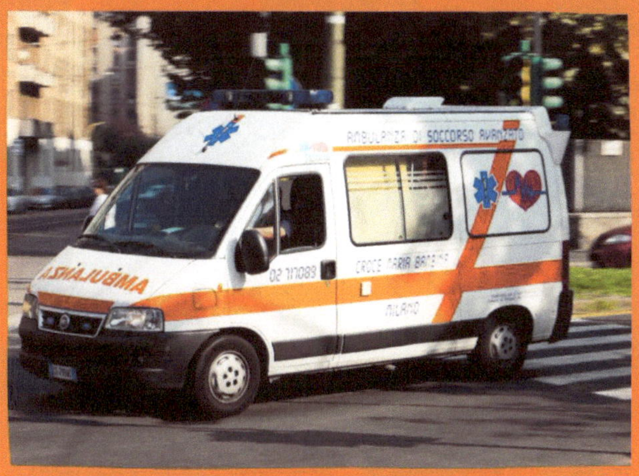

ambulance

скорая помощь

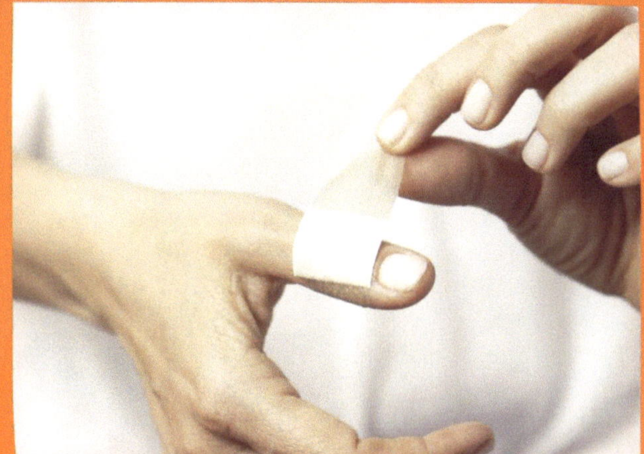

verband

бинт

paramedicus

фельдшер

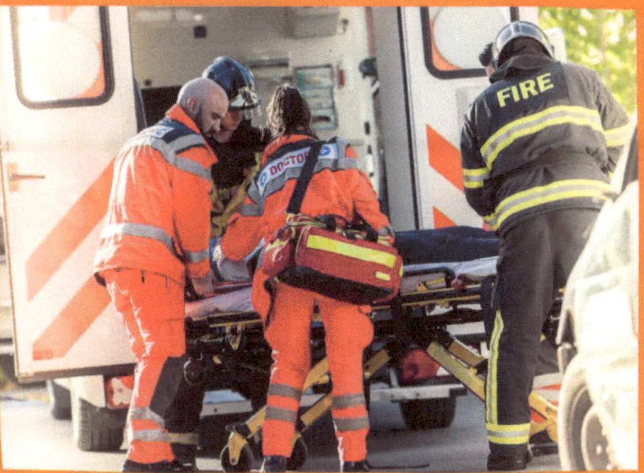

reddingsteam

спасательная команда

bos

лес

berg

гора

gras

трава

zand

песок

boom

дерево

bloem

цветок

vlinder

бабочка

mier

муравей

kat

кошка

hond

собака

paard

muis

лошадь

мышь

koe

корова

varken

свинья

schaap

овца

eend

утка

gans

гусь

konijn

кролик

vis

рыба

dierenarts

ветеринар

dokter

врач

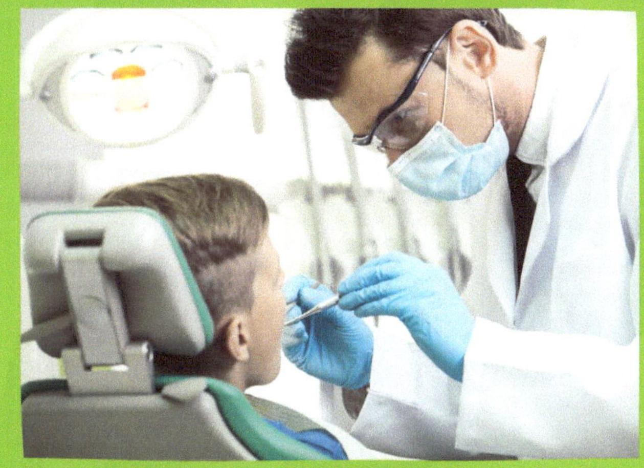

tandarts

стоматолог

apotheker

фармацевт

verpleegster

медсестра

hoofd

голова

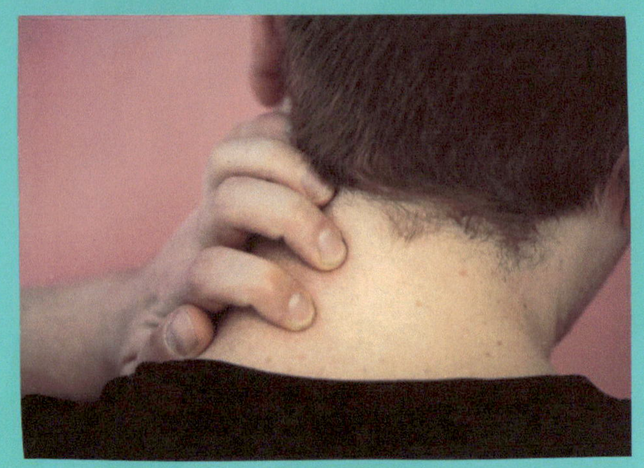

nek

шея

voet

ступня

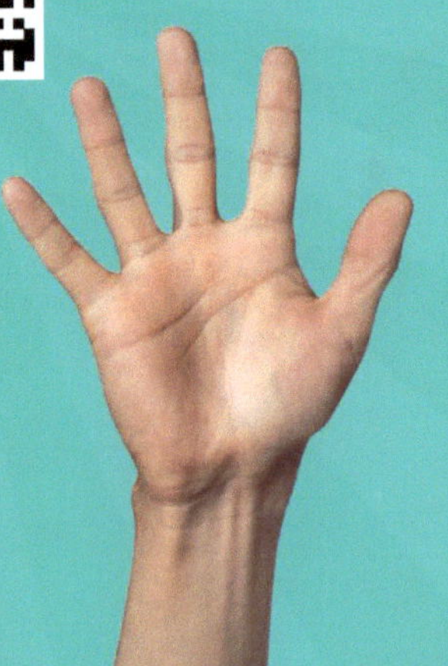

hand

рука

tanden

зубы

oog

глаз

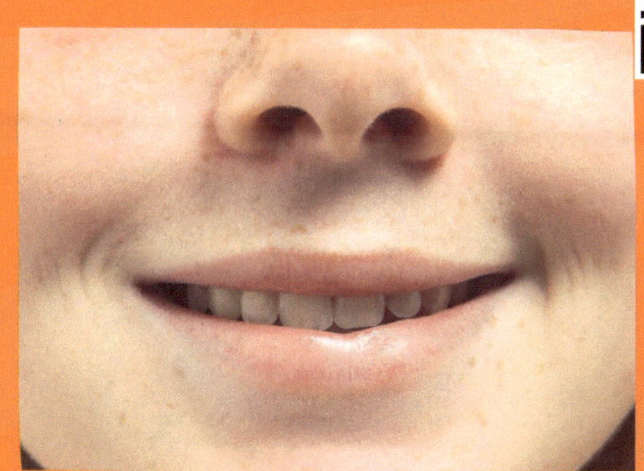

mond

рот

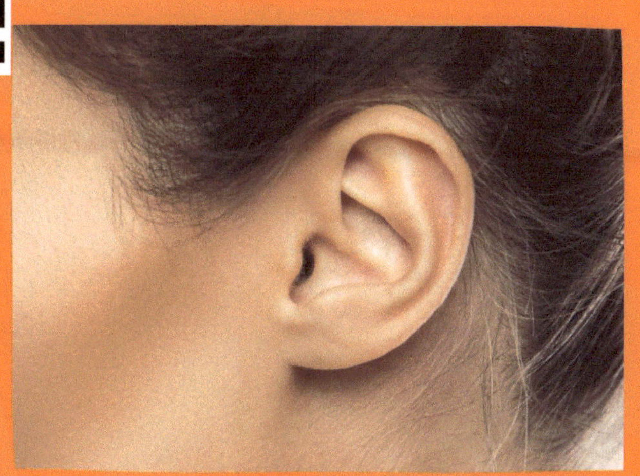

oor

ухо

hoed

шляпа

jurk

платье

broek

штаны

schoenen

обувь

jas

пальто

sjaal

шарф

paraplu

зонт

bril

очки

zon

солнце

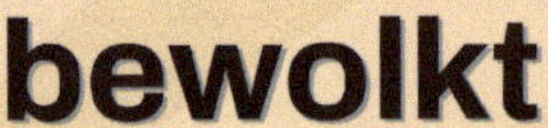

bewolkt

облачный

regenachtig

дождливый

maan

луна